60년대 전위시집

연기演技 및 일기日記

– 51년 만에 쓰는 '자작시 해설' / 무목적시와 순서정 –

강희근

도서출판 실천

연기演技 및 일기日記
시와편견 기획시선 06

―――――――――――――――――――

초판 1쇄 인쇄 | 2022년 1월 20일
초판 1쇄 발행 | 2022년 1월 25일

지 은 이 | 강희근
펴 낸 이 | 민수현
엮 은 이 | 이어산
기획 · 제작 | 계간 시와편견
발 행 처 | 도서출판 실천
등 록 번 호 | 제2021-000009호
등 록 일 자 | 2021년 3월 19일

서울사무실 | 서울특별시 종로구 율곡로 6길 36
　　　　　　02)766-4580, 010-6687-4580

편 집 실 | 경남 진주시 동부로 169번길 12 윙스타워 A동 810호
전　　　화 | 055)763-2245, 010-3945-2245
팩　　　스 | 055)762-0124
전 자 우 편 | 0022leesk@hanmail.net
편집 · 인쇄 | 도서출판 실천
디자인실장 | 이예운   디자인팀 | 이청아, 김현정, 변선희

ISBN 979-11-976489-6-0
값 12,000원

* 이 책은 전부 또는 일부 내용을 재사용하려면 저작권자와 '도서출판 실천'의 동의를 받아야 합니다.
* 이 책의 국립중앙도서관 출판예정도서목록(CIP)은 서지정보유통지원시스템(http://seoji.nl.go.kr)과 국가자료종합목록시스템(http://www.nl.go.kr/kolisnet)에서 이용하실 수 있습니다.
* 잘못된 책은 교환해드립니다

60년대 전위시집

연기演技 및 일기日記

– 51년 만에 쓰는 '자작시 해설' / 무목적시와 순서정 –

강희근

이 시집 속에는 1965년 서울신문 신춘문예 당선작과
1966년 공보부 신인예술상 특상 수상작이 수록되어 있다

■ 차례

제 1부
수면하水面下의 피리

모래	10
고약	12
송아지	14
별	16
그림자	17
이마	18
수면하水面下의 피리	19
다인茶人	20
웅변 1	21
웅변 2	22
웅변 3	24
안개	25
무제	27
탱자나무 달밤	28
바이올린	30
굴뚝	31

제 2부
사말四末, 그것이 오는 긴 순간

내 학동學童때의 야자수椰子樹 음미	34
사말四末, 그것이 오는 긴 순간	38
사제송司祭頌	42
한 달	44
아기송頌	45
기침, 눈과 바람과 비	48
상식적常識的인 것들	49
시린 부활	51
발언	52
한산도	53
나락奈落의 시	56

제 3부
연기演技 및 일기日記

신시해설新市解說	62
여름 훈련	65
연잎의 물무늬	68
버스로 달리면	70
연기演技 및 일기日記	74
화선花扇에게	78
10월 19일, 의상대義湘臺	80
컷, YOON, OO장	82
설악동雪岳洞 여사旅舍	85
기차汽車 및 바다	86

제 4부
산에 가서

성벽城壁에 어리다   90
山에 가서   91
눈썹 소묘   92
꽃물   93
교외채전郊外菜田   95
무당巫堂집 앞에   97
해설   100

제 1부

수면하水面下의 피리

모래

긴 강이 내의를 들고

간다 이 행동,

내 나라의 여름이 들끓고

기다리고 사라져 가고

조금씩 빠지는 살이 단단하게

여문다 기러기의 배 뒤집으며

철근의 긴 건축의

도보, 오 도보는 허탈하게

시작된다 너와 나와 너와 나와

경제의 풀잎에 이슬을

따며 나의 머슴,

저 들끓는 힘을 켜는 불아

불아 아라비아보다는 저 긴

나태, 나의 선택의 나태는

강변의 옷을 짜며 불을

짜며 견딘다 내 나라의 여름의

탄주彈奏를 굴리며 말리는

저것은,

뛰어다니는 저것은

고약

정든 님아
질근 질근한 님아 이빨에
고약이 붙는다

웃지 마라 귀머거리 뒤에
장님이 거듭 지난다 대패는
도보로 꼿꼿이 지나며

웃지 않아 님아
수풀이 꼿꼿이 서게
껍데기를 지난다 시무룩히

시무룩히 님아
입술에 고약이 지나 한밤
고약을 빨아 송충이도 한
켠에서 고약을 빨아

정든 님아 너의 머리

위에 소리가 지난다

고웁게 저 대패의 자리

자리마다 소리가 지나며

보라 님아

움퍽한 눈을 파 버린다 파 버린다

송아지

잔디 빛 지느러미 안으로
들어가는 한 마리

내게 마실 물을 앵긴다 한 마리
돌자갈 틈의 노오란
상승上昇,

풀이 들어가는 그릇에
비늘의
발짝이 떠밀린다 나의 눈에

떠밀리는 네 발이 떤다
포로소름한 떨림이 나의
아래로 내려가고 한 마리
들판에 서서

산 더 멀리 바람

의 손톱이 자란다 짐승아

오 꼬리 없는 짐승아 지느러미에

걸려

한 마리로 운다 잔디빛

손톱으로 운다 어린 것이 어린 것이

별

아아 고조선의 부싯돌이 운다
바늘이 따끔한 침을 들고
시간 대여섯
천둥의 눈 안에 서서
바알간 고추를 본다 바알간
것들이
흑백의 해를 보며 웃는다
시간은 캄캄한 대륙
시간은 정직한 맨몸이 되어
아아 맨몸이 되는 것들이
불을 켜고 산으로 든다
내 천체여 이 적막에
머리가 시리다 시리다 저 까치
칠월달 칠일의
체중體重이 무겁다 아아 더욱 단단한 내
손안의 부싯돌

그림자

나는오갈피주의끓는물에접붙인

다리를뽑아서두개

나는반평뜰에탐해보라탐해보라

하며길어난나비나래에서삐져낸침침한

두개의눈

다리와눈다리와눈따라보따리

이고간다오오년출이되고넘치어흐르는

모란꽃만한분열의물에빠져

끝을따라끝을끌고유영의밤이되는

나는아득하다그리고분명하다한없는불이되어

분명하다반사反射의방울벙그는반평

기력대로담아이끌고빙그르르돌아온다

나는선대나는광명의오래비가 되어

접붙인다리삐져낸눈으로살아있다아느냐

이모란꽃만한온몸을

이마

조그만 지갑 안에 손거울

만한 이마가 들어

있다 화폐는 뭉치끼리 어울리고

어울려서 운동장의 타원을

돈다 실을 뽑듯 타원을 풀어서

저 복잡한 이마를 푼다 내

공작의 온갖 풀이 쓰러지는 디딜 곳

없는 땅을 이제

팔아버릴 수 없다 만지고 또

만져서 닳는 조그만 지갑을

가진 자의 서러움

아아 서러움

수면하水面下의 피리

깊은 오뇌가 뽑은
대롱
한 번 죽었다가 떠 오는 대롱

나도 피리
멈춘 손마디에 있다 잠수부潛水夫에게
물먹은 잠수부에게 들어낸 피리

구멍은 갈기갈기 물
먹히고 갈대 꼿꼿이 송장이다
꽃이다 닳아 있는 물밑

살이 뽑은 고래
오 뛰어가 대밭에서 논다
대밭에서 죽은 나도 고래일 뿐

물밑은 기침이다 자라나는
대밭이다 오 구멍이 난
대롱이 떠오는

다인茶人

구기자 잎을 다리는 바다
골목 담벼랑에 널린
할아버지의 초상화

한 사내의 아침이 그쪽으로부터 온다

허이연 낮의 갈비뼈
비내리고
두서너 달의 인후염 흔들릴 때

비우지 못한 다기茶器
그 언저리에 턻은 손님이 한 분
앉아 있었다

웅변 1

나의 힘은 팔에

걸리어 넘어진다.

앞뒤로 오십 보의 감각,

손 땀의 우직에 걸려 고생하며

부은 이빨의 소리로 백 보 앞

전쟁이 온다.

내겐 냄새의 꼬리,

산불의 연기를 따라나선

황폐와 2, 3분

토론한다 엿듣는다. 2, 3분

미몽迷夢의 문에 꼬리로 걸린다.

문이여. 문이여.

열리면 크게 들리리라. 몽둥이

만한 꼬리인 채,

붙들려 가는 무리의 신짝 소리

신발짝 소리.

웅변 2

당신의 쓸쓸한 사랑이
서로 다른 단추
하나 또는 두 개를 끌고 다니네

첨벙첨벙 우물이 살아
그릇 하나
또는 두 개의 깊이를 짚고 다니네

사랑은 어쩌지
못하는 우물을 안고 살아 하나
또는 두 개로 안 되는
마개를 얻어야 하네

당신아 쓸쓸한 당신아
자물리는 것이 한없이
갈대 밑 하나
또는 두 개의 얼굴을 몰아 다니네

말言을 버리지 못하는
사랑이 아아
우물을 길어 당신의 침묵의
발을 씻어 보내네
서로 다른 단추
하나 또는 두 개의 옷을 입히고

웅변 3

당신의 옷
바늘 속으로 들어간 한 벌을
위해 파도를 만나네
젖어서 젖지 않는 파도와
나란히 만나
참선參禪의 당신을 데리고 지갑
속으로 드네
지갑을 찌르는 사랑이 밝아
숲은 해를 말아 자정의
파도에 던지네
아아 흔들리는 것 같지
않은 당신아
파도에 빠진 해의 일곱 번
거듭 밝은 사랑이
천연두를 앓네 바알간
말이 앓는 것 같지
않은 당신
그 의젓한 옷이 아아
부실 수밖에

안개

네 앞에 걸어오는 어깨,
그 깊은 뼈에 눈이 잘린다.
해설조의 길고 멍청한 시간 안에
절룩절룩 닥아선 나무,
네 나무의 높이에 잘리는 기러기
기러기여.
우리에게 성례를 붙이며 나눈
문답, 오
형제의 형제의 나란한 어깨를 말하고
척추의 바닥난 껍질을 말한다.
거기 앉힌 짐을 돌리는
저 비껴가는 날개 끝
우리에게 책을 덮게 하는 손이
돋히고
기러기 한 뼘,
형제의 다정한 살빛이 소리친다.

네 앞에 걸어오는 관절,
그 깊은 사랑의 문짝이 벌어지고
평범한 골목마다 뽀얗게 달아난다.
달아나며 잘리고
잘리며 달아난다.

무제

우장을 입은 그이는
내벽內壁의 창구에 단추를 달고
풀잎에 끓여 두었던 햇빛은 와서
성에마다 증발의 길을 틔운다
지열地熱은 산속에
피를 바르고
한 무더기 무덤의 입김을 피운다
산속은 한 치
그이의 팔목이 자라고
서너 번 팔씨름을 끝낸 사내와
사내의 숨겨 둔
재크나이프가 자란다
창구에 가까이 가까이
다가오는 길 잃은 자와 문답
하기가 싫어서
우장을 입은 그이는
내벽內壁의 창구에 단추를 달며
때때로 손톱이 자라나고
때때로 때가 자라나고
여자보다 두꺼운 부끄럼이 자라나고

탱자나무 달밤

꽃이 흐드러지게 피었더군.
자네,
영애永愛의 무릎이 아는 달밤의 거리
영랑令郎의 편도선 주위에 달려
가는 화학주化學酒
그리고 탱자나무 가시는 밤
새워 울더군.
탱자여
파아랑 탱자, 돌콩의 쓸모없는
조잡이 아니다
아니다.
네 주위는 견고한 피로 들끓는
밤이 누워
일주일째 거꾸로 비틀며 귀가하는
영랑令郎을 맞는다.
아직 완전하지 말아라, 돌콩인
채 완전하지 말아라.
들 밭 두서너 평坪짜리
돌콩인 채 이 길로 뻗어난 국도,
아예 염려 말아라.

오 흐드러지게 피었더군.
마이크로버스 냉랭한 취객醉客,
오 가능의 시민에게 잔등을 밀며
자네,
글쎄 글쎄 한 길로 이 길로

바이올린

바이올린으로
가요를 켤 수 없다 내 예술의
한 줄에 널려
곰팡이 곰팡이의 페니실린을
뽑아내고
긴 도어를 열어 병실의
서너 개 팔뚝을 겨눈다

항상 젖은 여자에겐
바이올린은 네 번째 서랍의
고전의 에쎄이 오
에쎄이의 다섯 장째 슈르에
넘어지는 구설口舌
오 구설口舌이여

아파트에 널린 빨래의
곰팡이엔 균열을 뽑아낼
수 없다 내 덩치로도
또 내 형제의 덩치로도
또 내 G현의 덩치로도

굴뚝

은은히 내 손톱들
거느리고 피는
모락모락 마른다 저 어둠의

장고를 메고 도깨비 두서너
마리
비틀대며 우쭐대며 내
살 안으로 들어선다 저 어둠의

눈쌀에 독오르는 마을의
옹기종기 앞뒷집의
굴뚝이 부쩍 늘어나고 부쩍
용감히 긴 시간을 찌른다 저 어둠의
뱃 집에 사는 긴 요충의
연설
은은히 또 요란히 구멍마다
부딪친다 저 꿈틀한 어둠의

모음이여
내 손톱의 깡마른 힘을
끓인다 피를 끓인다 삼천리
구멍 안에서

제 2부

사말四末, 그것이 오는 긴 순간

내 학동學童때의
야자수椰子樹 음미

1

나는 담임선생의 풍금 앞에서 흔들린다.
그 아이, 동그란 여자아이
자기 집 골방에서 달고 나온 줌치도,
지금 막 요동하는 내 가슴의 꽃꼬타리도,
대운동장 한옆의 하늘 키만 한 그림자에서
신발 잃고 홀짝거리던 둥근 화단 꽃가지 안
차례차례 흔들린다.
나는 이파리를, 물래는 우편羽片의 까실까실한 길이를
집으로 통하는 밭이랑에
내 사진틀의 이빠진 빛깔에 넣어 두면서
야자나무 야자나무
그 아이의 치마 둘린 데를 따라 도는 어둠 위
실은 나무를 흔들고 있다.
제법이나 흔들고 간 강가,

밥벌이 노닥거리며 식용의 그것을 껴안은
나일강 언덕
책 보따리를 두른 여자아이는 물소리에 흔들린다.
나는 담임선생의 눈을 비우고,
토산土産 야자의 자화雌花를 달아 드린다.
다시, 푸른 세상의 문을 두드리는 풍금 소리에
어린아이들의 서러운 열대는 돌아오고
실습지의 바깥 울타리 주변에는 종이 울린다.

2

나는 사하라의 비어 있는 벌판에서 흔들린다.
현관에서 나오는 여자아이, 그 아이는
교사校舍의 비둘기집 아래에서
담임선생의 집 우물 곁에서, 연기 피어오르는 오후
야자나무의 화서花序로 흔들린다.
내가 더듬거리며 잡아준 여자아이의 손마디를,
그해 햇볕에 들어 어정어정 내려온 이름 모를 나무를,
그의 필갑에 찰랑거리는 것으로 나는 기록해 둔다.
달이 떠도 좋은 시간의 바람 안
기억의 풀 이파리까지 몰고 온 식용의 살 안
토담 무너진 그 자리의 여자아이는
풍금의 물줄기, 운동장 가운데 깃발로 온 야자의 근처를
장거리 트랙경기 때의 후광으로 흔들린다.
일어나서 온다, 그 운동회의 바톤을 이어받고 열 살짜리
여자아이는 고개를 메고 온다.
동화의 신데렐라, 우편羽片의 한 뼘에 가 앉아 나일강 하류

오늘의 풍선같이 줄 잡고 온다.

나는 어쩔 수 없이, 수양버들 아래의

창고에 와 있고,

연습장이 달아난 가교사의 후면에도 와 있어

다시, 화병을 쥐어짜듯 쓸쓸해 한다.

나를 사하라로 보낼 것인가, 여자아이는 눈을 비우며

흔들린다.

꽃은 어느 운동회 때도 나올 것이다.

토산土産 야자의 자화雌花와 함께 피어 나올 것이다.

사말四末, 그것이 오는 긴 순간

1

나를 아는 사람은 불을 놓는다.
얼굴이 타버리게 불을 지른다.
내가 거처한 곳엔, 나시랭이도 봉산화도
울타리에서 타버린다.
나를 학교에 보낸 사람이 인사하는 날은
우울한 연기,
우울한 불의 구름 떼.
상머리의 아침에 날아드는 공기,
나무 나무 때리고 떨어지는 살은 카네이션 빛을
들인다.
아는 사람의 만나는 시간이 흘러들 곳은 이미
타버린다.
나를 자유로 앉힌,
이 세종로의 질서에서 촐랑거리는 사람이 모두
어둠의 풀에 들어눕고

고운 울음시장의 거래를
침실을, 의자를, 세대를 머릿속으로부터
띄워 보낸다.
아는 사람은 목걸이, 팔찌, 묵주를 손에 채우고
일렬 하여 선다.

2

나를 모르는 자를 위해 나는 불을 놓는다.
다실茶室 삐뚫어진 의자에도 불이 붙는다.
바람 웃으며 오는,
죽음처럼 제한된 세상을 나의 지문으로
둘러 막는다.
나를 모르는 자의 얼굴은 때가 비처럼 내리고
아무도 불러주지 않는 이름을 가진다.
강이나 숲, 짐승의 두뇌,

까만 눈의 여자는 어둠에 내리는 눈처럼 우둔하여
모르는 자의 인사로부터 불을 끄기 시작한다.
불은 내가 가진 성냥을 비웃고,
사람들에게,
팔레스티나에서 세종로까지 숨을 데는 많이 있다.
나를 더욱 멀리 탈출하는 사람들
나를 더욱 슬프게 하는 사람들

3

아침 길을 불 앞에서 걷는다.
떠날 때도 돌아올 때의 불을 놓는다.
나를 아끼는 사람이 하나둘 집을 떠나버린다.
아는 사람은 실처럼 늘어뜨린 머리,
지낸 날의 불에서 타버린 땅, 팔레스티나에서
사라진다.
나를 불 놓고 부르던 노래
나의 거처의 곳곳에선 고전으로 살아 거미줄을
감는다.

물이 타들어 간 나무에서 우울한 연기는 숯이 되고,
얼굴이 나붙는 책에서는 불이 박힌다.
일렬하여,
일렬하여 책을 꽃처럼 열고
나무 나무 때리고 떨어지는 살이
카네이션 빛을 일렬하여 들이고
나는 일렬하여, 나를 모르는 자를 위해 불을 놓는다.

※ 註...사말四末 · 카톨릭 용어로 죽음, 심판, 지옥, 천당의 일컬음

사제송司祭頌

그를 오래오래 보속의 그늘에 매어 두셔요.
비탈에 서 있는 그를,
바다 밑 두리번거리며 일곱 빛 거리
일탈하도록 걸린 시간 가운데
그를 그 그늘 속에 젖게 하셔요.

친화의 물결이 저문
그의 방,
약손가락에 채이는 동계冬季의 햇빛을 머무르게 하셔요.
그는 죽은 자의 정열.
비늘 쌓이는 산 곡에 어둠처럼 기립하고
노래 들리는 체험
인간의 가장 쓸쓸한 마음의 풀 아래 부복케 하셔요.

그를 우선 성총聖寵의 한옆에 서 있게 하셔요.
웃는 습성習性의 살,
그득히 빛나는 반열班列에 데리고
손가락질 손가락질
누억累憶의 질시를 가리는 힘을 인도引導해 주셔요.

처마 끝에 달린 고드름의 반주,
그를 씽씽 불어닥치는 삭풍의 피부에 떨게 하셔요.
간밤에서 일어나는 아침,
석유난로에 메인 내음의 구토에서 숨죽이며
처량한 꼴의 가슴 언저리를 짚게 하셔요.
그를 건드리고, 그를 흔들리게 하고, 그를 수십 보 걷게 하셔요.

사제(司祭)님.

한 달

한 달은 무엇으로든 겨냥되어 있었지.
사람이 사람을 보고 대하듯
사람이 물건을 보고 대하듯
한 달은 한 달에 매달리어 사는 전부에게 반역하고
있었지.

한 달에 태어나는 수만 아이는 주먹을 쥐고 있었지.
소생의 물결이 주름지고,
되풀이되는 포말의 겨냥으로 아이는 맥빠져 있었지.
전세계에서 아이는 죽는 것을,
한 달은 수첩을 갖고서,
한 달은 대장을 갖고서 기록하기를 난처해 했지.
기록되는 희한한 일은 측은히 겨냥되는 사람들의 눈.
사람들의 눈은 한 달의 표지를 달지 않았고,
한 달의 그 모든
의자를 메우고 있었을 뿐.

아기송頌

아내의 생활의 얼굴이
날은다.
세숫대 위에 내린 해
동그란 울음
해빙의 들에서 난무한다.
이빨을 가지고
조그만 아침,
아내는 떨어져 누운 나의
울음의 의식을,
들리는 식상食床의 비늘을
거머쥐고 쓸어낸다. 이빨을
가지고 아기의 눈알,
우리는 수면水面을 매일 매일
맛본다. 내음이
울음이 섞인 무지개
매일 매일 귀가하는 시간의
음성을

아기는 활개로 버틴다 버틴다
나의 동정同情을 누르고
아내의 입김,
씹히는 낱알 낱알이 되어 아기는
쟁의爭議한다.
공기마다 독감을 가지고
아기의 입술에 구설口舌에
매일 매일
살아나는 울음,
우리는 경대마다 현신現身의
메아리를 적는다.
아내의 옷이 아내의 눈알이
화사한 요람,
체중體重을 걸고 옷차림을 맡고
울음의 기미, 울음의 말을 가계부에
적는다.
아기는 창의創意를 거부하고
우리의 울음은 동정同情은

매일 매일 죽어간다.
아기여, 날으는 생활이
얼굴이 웃는 것은 무료이다.
체중을 걸고 옷차림을 맡고
아기여, 일체가 무료이다.
너의 이름이
울음이 무료이다.

기침, 눈과 바람과 비

기침 곁에서 눈雪 곁에서 바람 곁에서 비 곁에서
아무리 궂은 일,
일테면 송사訟事, 천륜의 송사로도 울먹일 수 없지.
흰 피부의 남자, 검은 피부의 여자,
그들은 일상의 기침을 받으며 살지.
흰 밥알 하나가 전신을 묶는 기침이 되고,
군중 깊숙이 받히는 검은 돌멩이 하나가 전신을
묶는 기침이 되지.
눈을 말아가는 강물이 있어,
기침은 풍성하게 들릴 수도 있지만
바람, 비 곁에서 흰 것과 검은 것은 버섯만한
기침이 되고,
길가마다 많은 현상이 여전히 일어나지.
현상은 대체로 길고 짧은 일로 이루어지고
남자는 자기의 짧은 것을 두려워 하지 않으며,
여자는 자기의 엄청난 긴 것을 두려워하지 않지.
눈에 섞여서 오는 비가 다리를 건너는 사람들
틈에, 기침에 수십 번 반짝반짝한 목례를 띄우지.
그 외 모두는 그럴 듯이 기침이 되고,
큰 상자에 넣어 둘 보배로운 열매, 보배로운
사상이, 짧고 긴 사상이나 되지.

상식적常識的인 것들

1

산딸기로 산딸기의 술을 담고, 그의 얼굴은
발효하였다.
술은 온갖 거칠은 내통內通,
술의 손은 오히려 가는 허리를 만지고
일체를 흔든다.

2

우리의 상식적인 거짓은
모든 각하의 거친
살빛.
높은 지붕마다 높은 기침을 얹고
밤은 편안히 잠들었다.
아하, 우리의 꿈은 천 길 천 길 빠져서
모든 각하의 웃음 안에 천 길 천 길 빠져서

3

사람들의 인사를 사람들은 받아놓고,
밝은 출근은 가벼운 퇴근은
아주 당연한 것 아주 흐뭇한 것들.
누구나 알랴. 출근의 오전을,
퇴근의 오후를.
이 시대는 전통의 껍질,
잔잔한 형식의 탈을 덕지덕지
붙이고,
누구나 알랴. 스스로 껍질을 덕지덕지 붙이고.

시린 부활

부활은 시리게 나타난다.
부활은 불꽃의 그늘에서 나타난다.
여자의 이름은 엽서 우편의 무게,
그림책 두께는 유년의 그리움을 안고
얼굴에 빚는 웃음,
부활의 아침이 열어놓는 문에
문에서 보인다.
여자의 한 벌, 나의 단구短軀의 한 벌
비치어 닿는 눈알에서 뜨는 해에게
부활은 이제 보일 수밖에 없구나.
지난 우리의 잠도 시릴 수밖에 없구나.
우리에게 지낸 자연,
우리에게 지낸 그것의 운행,
부활의 돋힌 톱니 속으로 드는 나의 피로.
해는 떨리는 숲의 그늘에 잠복해 있다.
우리에게 경례하는 숲의
코러스
한 벌, 나의 한 벌을 두르고 오는 코러스.
이 동반한 소리를 안고
부활은 시리게 와 쌓는구나.

발언

열일곱 살의, 교실의 소녀의 눈을 지키며
싸늘한 빙하에 그 복도의 먼지 하나로 걸음의
속도를 늦추든가 아니든가.

월부책은 그의 취미로 서재에 얹히어 가고
그날 약속해 둔 수금사원
추위의 속도로 바짝바짝 다가오든가 아니든가.

저녁이면 수저에 그날의 은빛 질량을 퍼내고
그날의 허전한 분량,
그날의 허전한 속도만큼
수저의 회전을 맞추어 늦추든가 아니든가.

한산도

1

수루에 남는
바다의 적막을,
향나무의 잎들이 누렇게 껴입네.
돛마다 벌리는 조선,
우리 중학생 아이의 지리 시간
백지도처럼 텅텅 빈
허옇고 떨리는 조선.
껴입네. 텅텅 빈 모국의 시야여.
소풍 온 아이들의 과자 껍데기를 껴입는
수루 옆 나무,
아직 껴입을 여유가 있네.
긴 칼의 여유는 창법唱法을 다듬네.

2

〈우리들 공장의 기계는
휴일도 휴무도 잊을, 신나는
가동의 쇠 소릴 내네.〉
소리를 낮추고 잡히는 것 라디오를 끄고,
임진란의 열병도 부수고
참도斬刀의 오척五尺 긴장을
뽑아버리고
텅텅 빈 모국의 시야여.
소금처럼 남는 것은 쇠 소리,
사람들은 껴입네. 쇠 소리
달각거리는 내부의 갑옷을
껴입네.

3

삼천포까지, 여수까지
피의, 한려수도의 불빛이여.
적막을 달고 달리는 여객선
정유란까지 의식의 물을 끓이네.
오 거북선의 참도斬刀, 비늘처럼
앞바다에 앞바다에
떠오르네.
오늘 영정각, 장군의 뼈마디에
비늘만 한
돛폭만 한 아지랑이의 열기,
텅 빈 백지도의 길은 껴입네.
돛폭만한 아지랑이의 열기,
텅텅 빈 지도의 길은 껴입네.
말끔히 씻겨버린 한려수도는
주섬주섬
열기를 껴입네.
천치가 되어 오, 천치가 되어

나락奈落의 시

1

나는 아직 허약하다.
길을 누워서 걷는 해,
노래를 앉아서 부르는 새,
색소도 배합할 겨를, 아무 시간도
모르는 풀,
이들은 아직 허약한 줄 모른다.
그렁 저렁 흐르고 물은 떨어져,
죄악의 법 죄악의 법
여기 둘레로 털리어 앉는 인간의
찬양.
누구나 훌륭하여 아직 잠든다.
참을까. 우정의 언덕으로 커 오르는 살,
우정의 속박으로 부어오른 쾌락,
나는 아직 허약하다.
버리지 않을 생활은 위험의 깊이,
버리지 않을 손안은 비어서 있다.

2

나는 아직 지니고 있다.
변천의 그림자를 거느리고 있다.
바톤을 이어받는 승리,
뛰어난 자리에 걸터 앉는 선택,
진위眞僞는 아직 벗어나 있다.
나의 시절은 힘 있는 금관,
힘 있는 인간의 굴복,
맹목은 수시로 밀리어 나고 덤빌 일은
가난한 천국 가난한 천국
참을까, 우리의 종들은 숨어 있다.
우리들의 치하는 입을 모울까.
그 시간, 일어나 왔을 때
인간의 찬양은 여기저기 죽어서 있다.
나는 아직 지니고 있는,
탄식의 불꽃을 진압해 둔다.

3

나는 아직 피지 못할 방울이다.
방울의 비누는 음절의 끝,
움직이는 시간을 교만하게 굴은다.
길을 누워서 걷는 해,
노래를 앉아서 부르는 새,
정신의 혀는 나락의 끝으로 간다.
변천의 그림자 변천의 그림자
몸은 무거워 천리를 가고
낡은 못, 낡은 바늘, 잃어버린 소리.
나는 아직 그윽하여 먹은 배를 짚는다.
참을까, 아는 일마다 비치는 쾌락
얼마나 단단한지 얼마나 빛나는지
불어나는 살, 불어나는 경험.
나는 아직 그윽한 혀를 갖는다.
달콤하여 투명한 나락의 혀를,

제 3부

연기演技 및 일기日記

신시해설 新市解說

아난다阿難陀, 너의 소식을 듣고 싶었다.
경권經卷 이래 이 신시新市
전란戰亂의 달 아래 밤 피리
국토를 꿰메고 오는 기적이 울고 있었지.
애끓는 신민이었던
아난다.
그림자에 섞어놓은 수림樹林리
노오랗게 달아 두고 싶었다.
금옥金玉의 바위에 녹이끼 묻은
아침,
지리地理를 바지랑이에 붙이고,
강 숲 구릉丘陵의 신주神主를 찾아 다녔지.
그때 그 마을의 아난다.
뿌리고 흘렸던 화폐는
홍수에 젖고,
뗏목같이 떠내려온 소식
아난다의 엽신葉信을 받고 싶었다.

열 개의 대로에 내어 걸어
우중에게 보이고 싶은
공고,
아난다의 기억을 청사靑史에 싣지 않고
시민의 탄원을 너 아난다에 내게 하고,
풀 마을 이민里民의
결집해서 오는 신시新市,
무엇이든 한 장의 견문見聞이었지.
아난다.
너의 나른한 팔다리를 잡고 싶었다.
단풍 뜨락.
사찰에 붙은 청사廳舍의 이마는 십자로 앞
총화總和의 얼굴이, 얼굴이 되고 있었지.
아난다의 소맷부리,
전원에 닳아빠진 헝겊으로
이마의 땀을 닦고 싶었다.
크고 작은 주택 위

전란의 달이 비치고, 산천 모랭이
바람은 불고 있었지.
아난다. 너의 국어를 듣고 싶었다.
경권 이래 이 신시新市,
아난다의 말씀을 이웃들의 말씀을.

※ 註 · 阿難陀(아난다)···석가모니의 종제從弟로
　　十大제자의 한 사람

여름 훈련

1

죽은 작약芍藥은 그의 땅에서 먼지를 쓴다.
피를 토하고 죽은 새,
그의 금빛 먹이에도 이슬은
죽는다.
모든 주소는 아침이 와서
일렁이는 등불,
제한된 몇 명의 사람을 담을
파아란 등불을 기다린다.
꽃밭은 일제히 물을 이는 아침,
모일某日의 나뭇가지는 여러 개
여러 개로 나뉜 선사는 아침에게 행한다.

2

퍼덕여 보라.
절묘絶妙한 여름의 춤이 닿는 것에
얼굴이 비치는 이슬만 한
사진, 그 연속되는 얼굴에
노래와 음식을 날개로 퍼 올리는 나비의
얼굴에.
퍼덕여 보라.
조용한 원림園林을 발 내리듯 햇볕 옆
죽은 것들이 치는 발의
이마,
천둥의 구름이 내리듯

3

죽은 작약은 그의 땅에서 먼지를 쓴다.

불어나는 꽃 이름,

그 여러 개의 엽서葉序는 먼지를,

자기 손바닥의 비늘 오르듯

먼지를 올린다.

모일某日의 나뭇가지는 빙자하라,

일렁이는 강물처럼 일렁이는 등불을 빙자하라

모든 주소의 아침은 무서운

눈,

죽은 작약의 눈으로 다가온다.

피는 온 몸에 돌아다니는

원림園林의 새,

금빛 먹이를 기르는 원림의 새.

연잎의 물무늬

눈가리지않고하늬바람에담기어옷을
연잎은죽순처럼여기저기서있음을
낯같이굵은체면에엎디어숨은사랑을보면알리
풀버러지가락조調의달빛부끄러운살을모질게닦으며물
을발르리
풍경울어오는산숲면경알의시냇물에서퍼담은
유년의노래데불고찬찬히흔들린다저냉혈의미물微物은
곁에기대어취한목소리사방을둘러보며깔앉히고있네
걸터있는나비의노랑저고리얼룩의빛방울굴르며있네
찬이슬이었다원색元色의지독한질투에박혀울고있음
얼음짱갈라지는날씨의허리통에서허덕이고있음
일찍이찬이슬이었다미명未明의소릿길옆할미꽃만한웃
음이여
시방귀엽게옴싹거리며수중水中으로한뼘눈썹을내며떠
있음이여
소나무의진내듯질질교태嬌態를융단처럼깔고디딜방알
밟듯잎잎을눌른다은빛깔무너진것온통명이길
꽃은밥맛돌이키듯기대하며얼굴틈에성감性感을메우리

물은김을빼내어산옆노을을지금은피우리
말똥한눈동자슬어진자리마른잎사귀의물그림자는
빛도구슬도아닌산밭의물층계를다지고있지마는
층계를엉기어올라흰이빨무늬생전그대로와있네
식수食水카랑한물줄기아닌지루한못물에그대로빛이
와있네
찡찡한슬픔이었다연잎이가리키는수중水中의
연인戀人이었음
기침을하며닥아있는기억속의생전의연인이었음
푸른잎의슬픔이었다꺾이운풀모가지만한웃음이여
한맺힌방울의굴르는소음이여

버스로 달리면

1

우리는 저 기와 밑에서 자랐어.
기왓고랑의 청태로 하늘을 빛고,
감나무 마을도 붉은 날
쇄금碎金의 외할아버지 서당을 노략질하며 갔어.
열네 살짜리 나의 아내는 차창에 기대어 있었어.
나도 인친姻親이다,
나도 인친이다, 풀빛 등성이를 올라가며
나도 인친이다, 외치는 일이었어.
졸기라도 해 보아라. 나의
아내야.
변학도 함성에 디리는 치마의 메아리,
나는 그가 달아난 국도의 길바닥에 번듯이 서고
두류봉을 헐떡거리며 정복하는 물증.
까불거리며 까불거리며 정복한 봉우리였어.
인편에 지리산 유격대장,
삼촌 강삼수의 군호軍號를 건네주는 손.

버스에서 흔들리는 농군의 짐짝을,
고개 엇갈리는 먼지 끄트머리로 올라오는 중학생을,
나는 흔들어 주었어. 손으로 흔들어 주었어.
일행의 이야기는 한발旱魃의 여행이었어.
두서너 곳을 기웃거려
보아라.
전답은 외할아버지의 쇄금으로 잦고,
나는 왼편 앞자리의 운전수.

2

우리는 가락왕駕洛王의 치적을 보았어.
그의 꽃나무 기둥의 마을,
돌 숲 돌 숲으로 달리며 보았어.
차는 진펄에 주저앉은 비오는
날의 늑대.
자, 치근치근함을 보아라.
나는 이미 포도당을 먹으면서, 비의 옳지 못한
행위를 꾸짖었어.
저곳은 산가山家.
김해김씨가 향토방위대장을 집무하는
대한민국.
우리는 집집의 행랑을 들르며 한 대접
식수를 마셨어
이팔자二八字밖에 안되는 사내,
나는 행랑에서
죽어도 인친이다, 인친이다, 외치는 일을
보았어.

도보로 가기도 좋은 길을,
아내는 한 살 나이 먹은 듯이 수줍고,
대동공업사 경운기에 실려 나를 따라다니고
빛나는 부롯지, 그녀의 옷섶에도
쇄금의 반짝이는 음성이 묻혀 있었어.
모랭이를 치달았어.
시속 20마일의 충혈된 운전수는
고쳐 앉고,
천만다행의 능선을 훑어 내렸어.
우리의 성씨는 하나로 결합하여
하나로 결합하여
주안酒案의 먼 우회로부터 돌아왔어.
한참을 차는 멎을 수 있었어.
우리의 이야기가 끝나갈 무렵
차는 일행의 여행에서 멎을 수 있었어.

연기演技 및 일기日記

1

부드런 내의 속에, 꿰맨 내의의
벌름한 구멍 속에,
갖다 놓을 기쁨의, 내 힘대로의 기쁨의
내음새.

풀어놓은 물감에 떠밀린 발치의 소리,
소리의 서너 겹 언저리.
「스콜」이라도 남국南國의,
일년수一年樹 겨드랑이에 부딪는 「스콜」의
촉수觸手.

2

살아내는 나날의 자미滋味.
수초水草 잠긴 바다의
물유리에 비치인 내 헤푼
시력視力 안,

엉뎅인 굽이로 들앉아 아물댄다
찔리는 눈까풀의 자미滋味, 질근질근한
자미滋味여.

가수나의 배꼽 잘 만진 손톱의
기럭지,
들이민 온갖 먼지의 표피表皮 안
붉힌 핏발의 살이여.

3

헝클어진 머리에 쏟히는,
섬칫 내리 앉는 내 일상의 사랑.

들 밭 가으로 도는 나무의 풀이
아침의,
흥건히 빨아내는 이슬의 성욕 속에서
무참히 학대해 가는 아침의
풀이여. 또 연기演技여.

4

징검다리인 채 별은, 서러움인 채 별은
은하銀河의 물굽이에 자물리고.
또박 또박 허공虛空의,
내 뜨거운 볼의 깊이로 자물리고,
별은 떠내려간다.
내 손 밖에서 때론
둥실거릴 뿐이다.

참 찰지기는, 가수나 또래의 별이
밤을 넘어 내 시정市井의
또 전문電文을 전해 주는 일이다.

5

돌 밑의 깔리인
물에, 마알간 물에 접힌 얼굴이여.
내 건져 내는 얼굴 반생半生의,
사둔 부인婦人으로 치면 살아낸 반생의
정조貞操 한아름.

6

요일의 한나절, 굼벵이 기듯
한나절,
냉수 기침의 할아범의
나이 짧은 할아범.

슬하엔 나타나라.
손자의, 꿰임을 내의內衣의 손자孫子여.
그러나 얻다 놓을 기쁨의 내의인가?
손자여.

-1966년 제5회 공보부 신인예술상 시부 수석,
 전 장르 특상 수상작

화선花扇에게

쌩긋 쌩긋 옷을 나이, 가리운 가슴팩이나 허벅지의 일 테면 포동거리는 덴 한 겹 의상衣裳의 감촉으로 배이는 실오라기의 달빛. 오뉴월의 실감나는 밤의 정부情婦와 관절의 뜨낌 뜨껌한 탓의 날씨 더불어 펄 것 다 펴며 이글 이글한 눈매의 아픔 하나 피해오는 바람.

 지그럽다. 불티 날라 떨어진 골목 골목에서 새어나는 파편의 서슬이, 이 끼고 가는 육체肉體의 바람직한 구실을 재어보는 터질 것 같은 계산計算이, 저 구뎅이마다 스며 있는 배설排泄의 설움이 가늘고 지그리을 뿐이니라.

 부산히도 왈가왈부曰可曰否의 빈터, 맨땅의 황무荒蕪에 엉겨드는 잡초의 기력氣力이나 개미의 뙤약볕 행렬行列의 물고 늘어서는 불놀음이나, 닝닝하긴 고뇌苦惱의 흠씬한 살의 표정.

 두고 두고 돌아오는 아궁이만한 임의 마력魔力에 튀기는 시세움. 일어나는 살의 무디었던 증발의 끓는 일이 시작되는 나이. 아 모두가 지그럽다. 키 높이의 구뎅일 들앉는 착각錯覺의 밤이, 앉기에 편한 자리의 만발

한 얼굴을 주신 인연因緣의 맨살이, 무덥고 긴 행로行
路를 돌아 마중 나간 아침의 부피만큼 아릿해지는 것
이 가렵고 뜨거울 뿐이니라.

　실은 나무 나무의 바스락거리는 소리에 깨어 있으
며, 짐승의 힘찬 생활의 피로 기거起居하고 있으며,
마른 피부의 딴딴한 유통流通의 피를 갖고 사는 사람.
허리께쯤에 빗긴 멀쩡 멀쩡한 군침의 고생하는 혓바
닥의 사람.

　저 정부情婦의 머릿단에 밟힌 숨결의, 바람의 배암
같이 배꼽의 항시 무거운 앓음의 꿈틀거리는 체증滯症
을 헤집어 가듯 바람은 이렇게 지그러울 뿐이니라.

※ 註. 지그럽다…경상도 방언으로, 양철이나 유리면에
　　뾰족한 물건이 접할 때 그 소리에 자극받는 모양

10월 19일, 의상대義湘臺

1

바다는 아직 동양東洋이 아니다.
소나무는 늙어서 바다를 지킨다.
개미 떼 개미 떼의 파도,
느림보 느림보의 하늘,
사상은 천년 홍련암紅蓮庵의 여흥餘興,
보리라
물은 물대로 출렁거리는,
땅은 땅대로 창건創建의 시간을 갖는,
지난 일사逸事 지난 일사.

2

10월 19일의 나는 해안의 복자福者.
서리라
바다를 밀어다 놓아
해륙海陸의 떨리는 신비들 앞에,
복자의 그늘은 거품의 빛.

3

바다는 아직 동양이 아니다.
해는 눈앞에 얼씬거리지 않는다.
목각木刻의 상품商品,
해는 아직 땅에서 뜨고
소나무는 늙어서 바다를 지킨다.
알리라
목각 영원의 새김,
나의 요동하는 해는 등어리에 숨어
질퍽거리는 고기여.
비늘 번쩍거리는 그늘에도 해는 숨어
알리라, 배가 떠오지 않음을
배가 떠오지 않음을.

컷. YOON, OO장
_ 장윤우 형에게

1

YOON, OO장의 사슴 한
마리,
거미 채 같은 나무 아래 물을 마신다.
나는 서울신문사
앞 벽보판을 보고 지내며,
65년의 얼음을 놓는 전문
의 꽃 봉투를 또
한 겹 벗기며,
YOON, OO장의 선線을
YOON, OO장의 베레모를 지금
거미 채에 거미 채에
비끄러맨다. 새는 그의 물감을
마시며,
목사대리 전도사의 시골 교회당,
함석지붕을
붓대처럼 서 있는 소나무

잔가지를 더듬고 내리는 눈발 그것,
YOON, OO장은 육성肉聲의 얼굴.

2

나는 토요판土曜版
문화면文化面이 질퍽거리는 서울시청
광장의,
거인의 높은 집들을 거느리며
거인의 공작새 깃털
마다 접히며
경축식 때의 비둘기처럼 날아
오른다.
YOON, OO장은 지면을 비집고,
그는 비둘기를 비둘기를
양손에 높이 종이소리 내는 향방
옛말 육합六合의 빛깔

안으로 눈짓해 보낸다. YOON, OO장은
어떤때 저울이 필요한 생활의
아침에 앙상한 손을 풀어 놓는다.
새는 원고지와 아뜨리에
고요한 그의 눈을 손으로 받으며
의인법의,
붓대처럼 서 있는 무궁화
잔가지를 더듬고 내리는 눈발 그것,
YOON, OO장은 육성(肉聲)의
육성의 얼굴.

설악동雪岳洞 여사旅舍

동해로부터 온 이는 잠을 잔다.
신라로부터 온 이는 깊은 내해內海의
연꽃,
삼조사三祖師의 연한 기침을 한다.
학생들은 수정 꼬타리,
머루주酒는 밤밤의 음미,
우리는 사방 여사旅舍의 불빛 비린내,
누구나 선물은 간이백화점에서 사들인다.
시간의 손발이 트는
내설악의 적설積雪,
누구나 단풍은 설악동의 인사로 본다.
밤 밤이 끌고 가는
울산암蔚山岩 철단鐵段,
가을 아름다운 운해는 휴전선 이북,
누구나 그쪽은 철단의 공포처럼 무섭게 본다.
동해로 떠날 채비를 하는 이는 잠을 이룬다.
밤 밤은 신라로 떠날 이의 그만한 휴식.
내해는 조용하다.

기차汽車 및 바다

열고 내려가 닿는 눈을
내가 기쁘지 않게 여길 수는 없네. 치는 바다를 묽은
빛 가슴에
묽은 빛 푸름,
드디어는 손끝 아리는 부분에까지 내려다 놓네.
이용하는 동해남부선,
이용하는 초저녁 대기大氣,
이용하는 학급담임의 가을 여행반,
깃발 펄름거리며 인사하는 낭떠러지의 어둠꽃 가에
어둠꽃 가에 주마간산일 밖에 없네.
생각하는 이파리, 바람 가에서 흔들려 보는 것을
턱 고누고 앉은 바위, 찌그랭이 눈짓 치는 것을
웃을 것이다, 웃을 것이다
웃을 것이다.
아니 울을 것이다.
허리를 삐도록 빨아가버린 체구의 아픔
묽은 가슴의,
가슴의 바다에서 차라리 내가 울을 것이다.

더욱 흔들릴 밖에 없고, 불은 켜어 있을 밖에 없네.
기차여.
너의 불 달고 힘차게 주먹 쥐었네.
너의 불 달고 이파리처럼
너의 불 달고 인솔반 아이처럼
아, 모두 그것처럼 너의 불 달고.

제 4부

산에 가서

성벽城壁에 어리다

꽃대를 걸터, 밥상에 수저 오르듯 피이고 시드는
풀잎에 방울 웃음이 드는 날,
바람이 보드라운 흙을 털어낸 어느 성벽에 가
빗물 터나 바람맞이 바위를 본 일이 있다.
아지랑이의 뿌우연 잇자죽이 난 이끼가
고목枯木의 허전한 구멍으로 나와
돌, 천년의 돌에 가 있어
지붕 높이의 박꽃 피듯 활짝 봄이나 뉘어,
성문을 기대어 꽃 떼를 파수하는 풀 데미 안에도 뉘어
봄 춤의 다사로운 빛 반사에
조을음이 타내리었다.
신을 벗어, 굿 놀음하듯 신을 벗어 뛰어선
아주 잠끼나 벗어버리든지
피어오른 땅 먼지를 성벽에 어리게 하든지,
하여간 나의 신명은 자미滋味에 끼인 끄을음을
털어내었다. 은은히 털어내곤 하였다.

山에 가서

나이 스물을 넘어 내 오른 산길은
내 키에 몇 자는 넉넉히도 더 자란
솔숲에 나 있었다.

어느 해 여름이던가,
소고삐 쥔 손의 땀만큼 씹어낸 망개 열매
신물이
이 길가 산 풀에 취한 내 어린 미소의 보조개에
괴어서,

해 기운 오후에 이미 하늘 구름에
가 영 안 오는
맘의 한 술잔에 가득 가득히 넘친 때 있었나니.

내려다보아, 매가 도는 허공의 길 멀리에
때 알아, 배먹은 새댁의 앞치마 두르듯
연기가 산빛 응달 가장자리에 초가를 덮을 때
또 내려가곤 했던 그 산길은
내 키에 몇 자는 넉넉히도 더 자란
솔숲에 나 있었다.

-1965년 서울신문 신춘문예 시부 당선작

눈썹 소묘

눈썹을 달리 따 달 수 있을 때, 새여.
지리산에서 나와라.
내 눈썹은 한 치, 참한 한 치의 떼.
잣나무 무성한 그늘을 펄룩이는 새들의 주둥아리에 패인
잣 열매의 미각,
심심찮게 미각들의 밀려오는 풍경을
새여. 한 천년의 지리산, 깊고 높이 있는 두류봉
아래
선생 남명南冥의 일로 기억해 오라.
그리메 그리메 양단수兩端水의 체적體積
그 한 치만큼의 기분으로 날라나부다, 그리고는
풀씨 빨던 반 주먹만 한 새의
하늘에 깔리인 숲을 줄이어서, 쓸 만큼만 줄이어서
날라나부다.
까먹은 잣의 배부른 새여.
네 신나게 들고 오는 차반의 한 상, 내 얹힌
골편骨片의 떼를 내리어라.
달리 달리 따 달 수 있는 눈썹, 내 눈썹의
새여.

꽃물

드는 물의 피어난 꽃, 잎 그늘에 웃음 쏟네.
물은 스미네. 자잘한 뿌리 뿌릴 씹다는
여문 풀 가지 끝끝 돌아 잎에 와 풋 물 서리어,
아침 이슬 납작이 받쳐 방울 빚네.

해나 바람은 땟물 잘 벗기네.
이 간살에 부드럽고 아픈 살결 안 모인 피는
안개에 묻어나 햇볕에 끄슷네.

꽃 눈물 나,
눈 안 아름다운 설움의 흐느끼는 물방울 둘레
빛난 동자의 핏기 걷히어 차운 거울 빛, 빛이네.

비도 오네. 먹구름 짱짱 갈라트리는 번개의 화안한
오솔길 섶 멍물의 잎 숙인 데 젖은 물때는
눈독 들이며 꽃을 찢네, 진한 피 핥네.

하늘거리는 꽃머리의 나비 나래에 분홍 술잔 사뿐 얹어
꽃그늘 그늘을 기웃거려 모금씩은 흘리네.
취해 웃네.

물오르네, 팽팽히 잎들은 진하게 차, 할딱이며 쉬는 숨
열이 오르네.

사알짝 웃네. 목 가만히 눈웃음의 잔주름 겹꽃 빛에
타네, 살 굽네.

해나 바람은 땟물 잘 벗기네.
이 간살에 부드럽고 아픈 살결 안 모인 피는
안개에 묻어나 햇볕에 끄슷네.

교외채전郊外菜田

1

산서리 와
묻히었네, 채전菜田.
내 각씨의 시가媤家에 내리는 황소 등어리 무게
무게의 분홍빛이다.
정월 초하루는 신발을 끌어
엿 일곱 대 내 유림儒林을 돌아와 눕고,
소매 가리고 붉어버린 각씨에게는
당대當代 서너 사발의 주량酒量의
선친先親,
몸에 맞는 한 죽의 두루마기다.

2

신통하게 달 장근將近, 서리 온
교외郊外.
민들머리 스님의 가출한 바람이다.
내 그득한 물끼의 혓바닥,
땅이라면 예 채전菜田의 서러운 답주畓主
그 혓바닥이다.
한 마지기 저승의 그빛 서리를
해산달의 내 각씨
이마에 얹고,
채전菜田은 채전菜田은 교외郊外에 앉아
산서리에 묻히었네.
축방丑方으로 묻히었네.

무당巫堂집 앞에

혼이여. 반드시 나이 든 뒤의 턱수염 꼬리처럼 흔들리랬나.
한 발짝씩 귓속말로 대어나 와,
이 무당집 앞으로 점잖이 나시랬지.

사람들로 꽃핀 거리여서 노상이지만 인산인해이잖나.
울타리는 해일의 물끼에 번지르르한 게
이승이니 건곤이니 하는 데의 말씀을 통통히 배어
있잖을까.

자잘한 원혼들이여.
눈부신 빛이다 잦아드는 빛이다. 네 끔찍히 고운 살점을
탐하는 온통의 빛의 은총이니라.
돌아, 뒤안을 울타리 구비로 돌아 문득 생각키거든
문 앞으로 나와 떨리는 손길을 풀어놔라.

소름이 쭈빗거리는 목덜미를 훑어내릴 거나.
대사의 가장 가운데, 사람이 들어 모르는 델 읽어도 좋네.
주문呪文 치고는 몽당 빗자루 닳는 소리가 어떤가. 풀어놔라,

동지섣달의 한밤의 울음이 부엉이 고운 슬픔이 아니거든
혼이여. 네 사각 사각 깎이고 있는 백골의 이야길
풀어놔라.

남기고 간 네 아기의 고추처럼 부끄럽대지.
삼백 예순 날 다 떨어버리게. 느티나뭇잎의 가리키는
인기척에 가령 나이를 느낀다든가, 턱받일 떨고 있는
혼—

네 진저리나는 머릿채를 뽑아 저 하이연 무당 할멈에게
바치고,
가진 것 죄다 버리려무나.

어디 나이 든 뒤의 턱수염 꼬리처럼 흔들리랬나.
한 발짝씩 귓속말로 대어나 와,
이 무당집 앞으로 점잖이 나시랬지.

■□ 해설

60년대 전위시집
『연기演技 및 일기日記』

51년 만에 쓰는 '자작시 해설' / 무목적시와 순서정

강희근

1.
들머리

나는 1971년 등단 6년 차 되던 해에 발간했던 시집 『연기 및 일기』(현대시학 제작)를 도서출판 《실천》의 기획시선으로 재출간하게 된다. 누구에게나 첫 시집은 시인에게는 비교할 수 없이 소중한 기념시집인 것이 사실이다. 이 첫 시집 속에는 1965년 서울신문 신춘문예 시 부문 당선작〈산에 가서〉와 1966년 제5회 공보부 신인예술상 특상 수상작「연기演技 및 일기日記」가 포함되어있는 것만으로도 나로서는 문학 인생의 주요 거점이라 할 수 있다.

나는 1965년과 1966년은 아직 대학 재학 중이었고, 그 두 작품의 간격은 1년이었지만 작품의 특질은 극에서 극이었다. 전자는 정통 서정시이고 후자는 슈르나 다다에 가까운

전위 시 성격이었다. 나로서는 1966년 신인예술상 응모작으로 쓸 때 반 서정, 반 전통에 기반한 실험 시 지향으로 하는 데다 초점을 잡고 작품을 썼는데 놀랍게도 두 개의 관문을 차례로 통과했다. 장르별 심사에서 수석 상을 받고 전 장르 통합 심사에서 수석을 차지하여 〈특상〉이 된 것이다. 후일담인데 심사를 한 김현승 시인은 "「산에 가서」를 쓴 시인이 「연기 및 일기」를 썼다니 믿을 수가 없는 일이다. 「산에 가서」 자체도 여늬 서정시와는 다른 완결성이 있었는데 이 「연기 및 일기」의 자유자재한 이미지와 심층 심리의 표현적 진가는 절대 예사롭지 않은 것이다."라고 극찬을 아끼지 않았다. 그 후부터 발표작들은 자동기술이거나 잠재의식 길어올리기에 재미를 붙인 것들이었다.

「연기 및 일기」를 전후한 시편들을 두고 볼 때 동국대학교 학내 지근거리에 있던 시인은 송혁(동국대신문 주간), 문정희, 정의홍, 송유하, 선원빈 등이었고 작품으로 눈여겨 봐준 평론가와 시인은 서정주, 김상옥, 전봉건, 김춘수, 김장호, 김 현, 이동주, 강 민, 이승훈, 김영태, 이근배, 이성부, 조태일, 강태열, 이상범, 박이도, 장윤우, 문효치(군 입대), 홍신선, 호영송, 박제천 홍희표, 하덕조, 양왕용, 손진은, 정해문, 배달순, 강동주, 조정남 등이었고 마음에 받아들이지 않은 눈치를 보인 사람들이 더러 있었으나 이들은 비교적 사조에 어둡고 시적 시야가 열리지 않았던 것으로 볼 수 있다.

어언 첫 시집을 낸지 51년이 지났다. 그 사이 대학원에서 시문학사의 60년대 강의를 할 때 더러는 학생들이 「연기 및 일기」를 가지고 분석한 자료를 내놓기도 했고, 더러는 세미나 때 한국시 6·70년대에 이르면 이 시집을 가려내는 순발력

있는 제자들도 있었다. 그러는 가운데 나는 첫 시집이 시 일생의 거점이라는 막연한 생각에 젖게 되었지만 정작 그 시집에 실린 시편들을 정색으로 읽어보는 기회를 갖지 못했다. 지난해 경남문학관 특별전시에 〈내가 읽은 시 한 편〉이라는 프로그램이 있었는데 박우담 시인이 시집에 실린 「모래」(현대문학 게재)를 적어 내었다.

 긴 강이 내의를 들고
 간다 이 행동.
 내 나라의 여름이 들끓고
 기다리고 사라져 가고
 조금씩 빠지는 살이 단단하게
 여문다 기러기의 배 뒤집으며
 철근의 긴 건축의
 도보. 오 도보는 허탈하게
 시작된다 너와 나와 너와 나와
 경제의 풀잎에 이슬을
 따며 나의 머슴.
 저 들끓는 힘을 켜는 불아

　　　_「모래」 부분

 이 시를 전시한 뒤의 후일담이 들리지 않는다. 모래를 씹는 것 같다거나 어째 이런 시가 전시 대상인가? 하는 질문이 있었다거나 하는 코멘트가 없는, 메아리 없는 시 지나가기일 뿐이었다. 이후 주변에는 『연기演技 및 일기日記』를 재발간해 보는 것이 어떨까, 하는 분위기가 잡히기 시작했다. 1971년 간행했던 시집을 반세기를 지나 '다시 읽기' 자리에 놓아보자는 것이다. 계간 《시와편견》 발행인 이어산 시인이 그 중심에 서서 내게 첫 시집 작품들을 컴퓨터에 올리는 일부터 시작해 달라는 주문을 했다. 생각해 보니 시사적 측면에서도 그렇고 50년 이쪽저쪽의 시편들을 비교 독해하는 텍스트로도 유용하다는 판단을 했다는 것이다.

이제 그 1단계 작업이 이루어졌고 다시 시집의 체재를 검토하게 되었다. 1970년 전후 편집이 세로판짜기인데 이를 가로판짜기로 바꾸고 한자도 많이 들어가 있어서 당시의 감성을 살리기 위해 그때의 한문을 병기倂記하였다. 이만큼 50여 년의 세월에서 시집 체재가 사뭇 달라져 있다는 것을 알게 되었다.

이어산 시인의 발간 기획에 감사하다는 표현도 생략한 채로 나는 첫 시집에서 들어있지 않은 비평을 '자작시 해설'로 써서 독자와의 거리감을 좁혀볼까 생각한 것이다. 나는 이런 생각으로 기다리는 첫 시집 속으로 들어가 20대의 청춘시에 몰입했다. 아직 답사하지 못한 미개지를 개척하는 심정으로 감성, 리듬, 감각어 등과 이미지군에 빠져들었다. 입가에는 빙그레 미소가 드리워졌다. 알겠다, 그런 상황이었지 하며 안 풀리는 수학 문제를 풀어내듯이 희희낙락하였다. 시 전체 44편 중에서 6편이 서정시이고, 38편이 나로서는 새롭게 시도한 것인데 이 38편 중심으로 이야기를 풀어갈까 한다.

2.
나의 시는 '무목적시無目的詩'다.

목적이 없는 시라는 것인데 여기서는 기존 시의 형식이나 관념을 깬다는 것, 해제해 버린다는 것이다. 이른바 정해진 '룰'을 거부하는 시를 말하는 것이므로 '비대상'이나 '무의미'를 포괄하는 개념으로 보면 된다. 목적에 반한다는 개념에서 보면 순수시 의미와도 같이 간다. 기존의 '룰'에는 어떤 비정형의 형식이나 주제도 포함하지만, 리듬이나 불연속적 이미지는 살려 놓고 있다.

정든 님아
질근 질근한 님아 이빨에
고약이 붙는다

웃지 마라 귀머거리 뒤에
장님이 거듭 지난다 대패는
도보로 꼿꼿이 지나며

웃지 않아 님아
수풀이 꼿꼿이 서게
껍데기를 지난다 시무룩히

시무룩히 님아
입술에 고약이 지나 한밤
고약을 빨아 송충이도 한

컨에서 고약을 빨아

정든 님아 너의 머리
위에 소리가 지난다
고웁게 저 대패의 자리
자리마다 소리가 지나며

보라 님아
움퍽한 눈을 파버린다 파버린다

_「고약」 전문

따옴시의 제목 '고약'은 무목적의 제목이다. 어떤 뜻이 담겨 있지 않다. 시에서 드러나는 의미의 맥이 잡히지 않는다. "정든 님아, 님아"라고 부르지만 무슨 말을 하려고 부르는지 애매하고 불확실하다. "이빨에 고약이 붙는다"나 갑자기 대패가 나온다거나 수풀이 나온다거나 송충이가 나오는 것이 각기 필연성이 없다. 다만 고약이 붙어야 한다는 것, 대패가 지날 때 소리가 난다는 것은 실제 상황의 어떤 근거가 되지만 맥으로 이어지는 데는 역부족이다. 그럼 이 시는 무엇인가? 정든 님 앞에서 님을 부르고 있지만, 상황은 안개와 같이 오리무중이다. 엉뚱한 것끼리의 결합에서 오는 당돌함 같은 이미지, 불연속의 이미지가 스치고 있을 뿐이다.

깊은 오뇌가 뽑은
대롱

한 번 죽었다가 떠 오는 대롱

나도 피리
멈춘 손마디에 있다 잠수부에게
물 먹은 잠수부에게 들어낸 피리

구멍은 갈기 갈기 물
먹히고 갈대 꼿꼿이 송장이다
꽃이다 닮아 있는 물밑

살이 뽑은 고래
오 뛰어가 대밭에서 논다
대밭에서 죽은 나도 고래일 뿐

물밑은 기침이다 자라나는
대밭이다 오 구멍이 난
대롱이 떠오는

_「수면하의 피리」 전문

이 시의 '수면하'는 물밑이다. 수면水面 아래下는 무의식이다. 수면 위는 의식의 세계이다. 이 시는 화자의 무의식에 떠도는 피리를 대상으로 하고 있다. 첫 연에서 '깊은 오뇌' '한 번 죽었다가'는 무의식이다. 거기 대롱이 떠오르는데 대롱은 피리이다. 어느새 "나도 피리"라 하고 나 또한 '잠수부'가 된다. 그 속에는 고래가 있는데 '살이 뽑은 고래'이다. '살'

은 물살로 읽힌다. 그 속도로 대밭으로 가서 논다는 것이다. '피리-대롱-대밭'은 같은 계열 이미지이다. 또한 그 속에서는 나도 고래가 된다는 것이다. 물밑은 하찮은 기침이고 대밭이고 구멍이 난 대롱이다. 인간은 무의식에서 피리로 소리를 내는 구멍이다. 고래이다. 이미지는 이리 저리 산만하게 놓이고 물밑은 혼돈이다.

 이 시를 통해 시인은 무의식 세계에 대한 시적 접근을 보인 것이다. 어쩌면 시론적 시로 읽을 수 있겠다.

3.
시는 리듬과 비유적 이미지가 뼈대이다.

 시「굴뚝」을 자세히 읽어보기로 한다. 시가 갖는 최소한의 무장은 리듬과 비유적 이미지 인자이다.

 은은히 내 손톱들
 거느리고 피는
 모락 모락 마른다 저 어둠의

 장고를 메고 도깨비 두서너
 마리
 비틀대며 우쭐대며 내
 살 안으로 들어선다 저 어둠의

 눈살에 독오르는 마을의

옹기 종기 앞뒷집의

굴뚝이 부쩍 늘어나고 부쩍

용감히 긴 시간을 찌른다 저 어둠의

뱃집에 사는 긴 요충의

연설

은은히 또 요란히 구멍마다

부딪친다 저 꿈틀한 어둠의

모음이여

내 손톱의 깡마른 힘을

끓인다 피를 끓인다 삼천리

구멍 안에서

_「굴뚝」 전문

이 시가 가지는 창조적 리듬은 매 행이 3음보이거나 4음보 기본이다. 거기다 문장이 끝나지 않았으면서 행갈이를 서슴없이 감행하는 것이 전에 보이지 않는 문장 조이기 기법이다. 이 시를 천천히 읽어내리면 어느 자리에서든 머뭇거려지거나 쓸데없이 리듬을 헝클리는 낱말이 없다. 매끈하게 흐르는 남자 바지의 주름을 볼 수 있다. 끝나지 않은 자리에서 연의 다음으로 연결되는 것은 이 시 기법의 특징이다. 앞 연 끝과 다음 연 시작 부분을 발췌해 본다.

어둠의

장고를 메고

어둠의//

눈살에

어둠의//

모음이여

 연과 연 사이의 끊어서 이어지는 것은 시적 긴장의 한 측면이다. 그리고 비유적 이미지의 개별 단위를 눈여겨볼 필요가 있다.

 "어둠의 장고를 메고" "어둠의 뱃집에 사는" "꿈틀한 어둠의 모음이여" "손톱의 깡마른 힘을 끓인다." "삼천리 구멍" 등이 그것으로 이들은 하나의 맥락에서 작용하는 구절이 아니다. 이런 점에서도 '무목적시'다.

4.
띄어쓰기 무시와 지동기술

 무목적시로서 기존 관념과 일정 형식의 파괴를 보이는 시는 〈그림자〉이다.

나는오갈피주(酒)의끓는물에접(接)붙인

다리를뽑아서두개

나는반평(半坪)뜰에탐해보라탐해보라

하며길어난나비나래에서삐져낸침침한

두 개의눈

다리와눈다리와눈따라보따리

이고간다오오넌출이되고넘치어흐르는

모란꽃만한분열의물에빠져

끝을따라끝을끌고유영(遊泳)의밤이되는

나는아득하다그리고분명하다한없는불이되어

분명하다반사(反射)의방울벙그는반평

기력대로담아이끌고빙그르르돌아온다

나는선대(先代)나는광명(光明)의오래비가되어

접(接)붙인다리삐져낸눈으로살아있다아느냐

이모란꽃만한온몸을

_ 〈그림자〉 전문

따옴시는 시상이 자동기술로 나아간다. 스스로의 시를 정신분석적인 접근을 시도한다는 것은 부끄럽다. 마침 온양의 김대규 시인이 '강희근 시선 산에 가서'(신라출판사) 해설에서 시도해 보인 바 있어서 이를 요약해 본다.

"그림자는 존재가 확인이 되면서 실체를 잡을 수 없는 무의식이다. 따라서 이 시는 자의식의 심층에서 돌출하고 있는 컴프렉스의 군무(群舞)다.

〈나〉는 〈술- 물- 다리- 뜰- 나비- 나래- 눈- 보따리- 넌출- 모란꽃- 물- 불- 오래비- 다리- 눈- 모란꽃- 온몸〉의 변신을 거친다. 이 변신의 기제(機制)는 확실히 초현실의 메카니즘에 의거하고 있다. 그리고 그것은 〈물〉과 〈불〉, 〈나비나래〉와 〈모란꽃〉, 〈다리〉와 〈눈〉, 〈나〉와 〈오래비〉의 상대적 관계를 점층적으로 유지하고 있다.

정신분석학은 신화비평의 원형분석에서와 마찬가지로 〈물〉은 '죽음, 재생, 출산'의 모성(母性)을, 〈불〉은 '욕망, 충동, 성(性)'의 부성(父性)을 상징하고 있으며 〈다리를 뽑아서〉나 〈빼져낸 눈〉과 같이 육신의 일부분을 상해하거나 절단해내는 행위를 성적 죄책감에서 오는 자기 처벌의 상징이다."

김시인은 이로써 시를 오이디프스 콤플렉스, 욕정의 포화상태 등으로 설명하고 있다. 어쨌거나 나는 그것이 무의식에 흐르는 것이라 하니 더 보탤 수 있는 말이 없다. 나는 그저 그림자로 비춰지는 내면의 풍경을 무목적으로 이행하고 있다.

5.
화제를 뿌린, 서울 하숙에서 쓴 「연기演技 및 일기日記」

나는 1965년 서울신문에 당선된 이후 어느 시점부터 기회가 오면 세상을 놀라게 할 시를 한 번 내리라 다짐하고 있었다. 그때가 왔는데 1966년 4월 30일경 동아일보에 실린 〈제5회 신인예술상 작품 공모〉를 본 순간이었다. 하숙에 돌아와 제목을 먼저 달았다. 세상 사는 사람들은 항용 적당한 가면이나 연기로 살고 있다는 점에 착안하고 나는 그 일상을 일기에 옮기듯이 기술하는, 그런 받아적기를 해 보자는 것이었다. 그리하여 제목이 「연기 및 일기」가 된 것이다.

1.
부드런 내의內衣 속에, 꿰맨 내의의
벌름한 구멍 속에
갖다 놓을 기쁨의, 내 힘대로의 기쁨의
내음새.

풀어놓은 물감에 떠밀린 발치의 소리
소리의 서너겹 언저리
'스콜'이라도 남국의
일년수一年樹 겨드랑이에 부딪는 '스콜'의
촉수觸手

2.
살아내는 나날의 자미滋味
수초水草 잠긴 바다의
물유리琉璃에 비치인 내 헤푼
시력視力 안,
엉뎅인 굽이로 들앉아 아물댄다
찔리는 눈까풀의 자미, 질근질근한
자미여.

가수나의 배꼽 잘 만진 손톱의
기럭지,
들이민 온갖 먼지의 표피表皮 안
붉힌 핏발의 살이여.

3.
헝클어진 머리에 쏟히는,
섬칫 내리앉는 내 일상의 사랑.

들밭 가으로 도는 나무의 풀이
아침의,
흥건히 빨아내는 이슬의 성욕性慾 속에서
무참히 학대해 가는 아침의
풀이여, 또 연기演技여.

4.
징검다리인 채 별은, 서러움인 채 별은
은하의 물굽이에 자물리고
또박 또박 허공의,
내 뜨거운 볼의 깊이로 자물리고,
별은 떠내려간다
내 손 밖에서 때론
둥실거릴 뿐이다.

참 찰지기는, 가수나 또래의 별이
밤을 넘어 내 시정市井의

또 전문電文을 전해 주는 일이다.

5.
돌 밑의 깔리인
물에, 마알간 물에 접힌 얼굴이여.
내 건져내는 얼굴 반생半生의,
사둔 부인으로 치면 살아낸 반생의
정조貞操 한아름.

6.
요일曜日의 한나절, 굼벵이 기듯
한나절,
냉수 기침의 할아범의
나이 짧은 할아범.

슬하엔 나타나라.
손자의, 꿰입을 내의(內衣)의 손자여.
그러나 얻다 놓을 기쁨의 내의인가?
손자여.

_「연기演技 및 일기日記」 전문

 이 수상작은 공보부 주최로 딱히 게재될 지면이 없었다. 나는 이 작품을 들고 출신지 서울신문에 가서 박성룡, 김후란 기자를 만나 사정을 이야기했으나 원고를 거기 두고 가라는 무대책 같은 반응이 나와 그 길로 종로에 있던 월간 현대문학사로 가 언제나 다정하셨던 조연현 스승께 드렸더니 소설 심사를 하신 연고로 전후 사정을 알고 있다 하고 가부 없이 원고를 받아주셨다. 바로 그 원고는 1966년 7월호 현대문학에 실렸다. 그런데 공보부에서 수상자 발표를 각 영역별로 발표하자 서울 5대 신문 문화부는 일제히 문학부 기사를 실었다. 〈제5회 공보부 신인예술상 특상 강희근 시인〉 제하에 수상작은 강희근의 「연기 및 일기」라고 제목을 정상으로 표기한 신문사는 다섯 신문사 중 한 신문사밖에 없었다. 다른 네 군데 신문 문화면 기사는 제목을 다들 〈연기와 일기〉라 썼다. 나는 독특한 제목을 애초에 시도한 것이었으므로 기사 오류를 보면서 내내 웃고 있었다. 그 무렵 서정주 시인은 "technic and diary"라 하시면서 유쾌한 웃음을 지으셨다.

이 무렵 시인들의 제목에 '0 및 0'류 들이 많이 등장했다. '및'은 내가 생각해도 일상에서는 어색한 연결어이다. 내 시의 〈무목적시〉에 첫 번째 선보인 낯선 표현이다. 이 시는 일단 내가 쓰던 여유로운 서술이나 읊조리듯이 흐르는 유장함을 추방해버렸다. 정제된 서정의 언어들이 뒤로 물러나고 직정적인 어감과 낱말을 과감히 채용하고 짤막짤막 흐르는 짧은 호흡에 비교적 거친 시어, 곧 내의, 스콜, 일년수, 촉수, 유리, 시력, 자미, 표피, 성욕, 허공, 전문, 정조, 요일, 할아범 등이 등장한다. 전체 6절로 되어 있는데 각 절은 감각이나 관능적 이미지를 수반하고 절 내부에서도 통일이 되지 않는 풍경이거나 장면의 돌출이 급박히 이어진다. 이 시도 정신분석적 접근으로 다가가면 매우 흥미 있는 결과가 나오지 않을까 한다.

작품이 현대문학에 발표되자 60년대 사화집 동인 강태열 시인은 "이제 우리는 짐을 싸야 하겠어"라 했고, 이성부 시인은 "광주 보병학교 그 암울한 공간에서 느껴지는 체감은 날로 더 좁은 곳으로 밀리는 듯했었다."라고 피력했다.

6.
나의 서정시 6편 중 대표작은 「산에 가서」이다.

나의 대학 시절, 수강 시간과 써클 활동의 총화라고 할까, 내 작품의 거점은 서정시다. 순우리말과 전통 어감과 정서에 뿌리를 뻗어가고 있었다. 1965년 서울신문 당선작 「산에 가서」가 그 텃밭에서 뽑아낸 무 뿌리나 토종배추에 비길 수 있다.

나이 스물을 넘어 내 오른 산길은
내 키에 몇 자는 넉넉히도 더 자란
솔숲에 나 있었다.

어느 해 여름이던가,
소고삐 쥔 손의 땀만큼 씹어낸 망개열매
신물이
이 길가 산풀에 취한 내 어린 미소의

보조개에 괴어서,

해 기운 오후에 이미 하늘 구름에 가
영 안오는
맘의 한 술잔에 가득 가득히 넘친 때 있었나니

내려다보아, 매가 도는 허공의 길 멀리에
때 알아, 배 먹은 새댁의 앞치마 두르듯
연기가 산빛 응달 가장자리에 초가를 덮을 때
또 내려가곤 했던 그 산길은
내 키에 몇 자는 넉넉히도 더 자란
솔숲에 나 있었다

_「산에 가서」 전문

 이 시를 읽으면 내 고향 유년 시절의 소녀가 부는 꽈리 소리가 동시에 들리는 듯하다. 그런 정서라는 이야기이다. 이 시의 유식한 독자들은 "순국어의 능숙한 구사력"을 보인다고 말한다. 그런데 나는 평생에 시 강의를 할 때마다 이 시를 낭송해 주곤 하는데 그때마다 상황적 언어, 상황적 비유에 대해 언급한다. 시에서 2연 3연, 그리고 4연의 전반부는 느슨해 보이는 문장이지만 비유는 그 장합에 맞는 언어와 비유이다. 비유는 아래와 같다.

 *소고삐 쥔 손의 땀만큼 씹어낸 망개 열매 신물
 *신물이 미소의 보조개에 괴어서

*신물이 맘의 한 술잔에 넘친 때

*배먹은 새댁의 앞치마 두르듯/ 연기가 초가를 덮을 때

 이런 비유들을 곱씹어 보면 그 장소에서만 유효한 비유들이다. 이 점에 무릎을 치시면 시의 순국어 맛에 당도한 것이 될 터이다. 이 시를 읽다가 질문해 오는 사람들은 시어 '배 먹은'에 집중되었다. 그 말이 무엇이냐는 것이다. 이 말은 서정주 시에 3,4회 나오는 말이다. 그래서 나는 그 말이 호남에서 통용되는 말인 줄 알았는데 조사해 보니 현지인들도 잘 모르는 사람들이 많았다. 여인의 '잉태함'을 두고 쓴 것인데 서정주 단독으로 관능적 어감으로 창출한 것인지는 아직 결론을 내리지 못하고 있다. 그런 어원과 관계없이도 '배 먹은'을 회임한 '여인의 배'로 읽어내기는 그리 어렵지 않다.

 이 시가 신춘에 당선된 뒤 유엔군사령부방송(VUNC)에서 '석세스 프로그램'이라 하면서 나를 인터뷰 하자고 불렀다. 이태원에 있는 영내 방송국까지 가서 나는 인터뷰에 응했다. 그 무렵 나는 동국대 학생방송국장으로 매주 한 번씩 VUNC에 나가 '대학방송 코너'에 출연하고 있어서 손쉽게 나를 부른 것이었다. "저는 이 시를 2학년 겨울방학 때 산청에 내려가 있으면서 예의 그 산에 갔다가 내려와 큰방 아랫목에서 배 깔고 누워 30분 만에 썼어요."하고 대답했더니 인터뷰하는 PD가 놀라면서 어찌 시를 30분 만에 쓸 수 있느냐고 물었다. "쓰기를 30분 만에 쓴 것이지 체험 시간은 20여 년이지요. 성장 과정이 녹아 있으니까요. 그냥 쑤욱 내리닫이로 체험의 덩이를 끌어낸 것이지요"

이 시와 관련한 김춘수 시인의 코멘트를 끝에다 첨가해 둔다. 손진은 교수가 내게 전해 준 내용은 경북대학교 학부 시론 시간 이야기였다. 손 교수가 재학중 설레는 마음으로 김춘수 시인 강의를 들었는데 말없이 김 교수는 강희근의 「산에 가서」를 흑판 가득 판서했다는 것이다. 그런 뒤 "학생 여러분, 이 시를 읽고 한 사람씩 돌아가며 언급해 보시길 바랍니다."하고는 조용히 창을 내다보며 한 10분여 기다리더라는 것이다. 학생들의 감상이 다 끝이 나자 김 교수는 "내가 볼 때 이 시의 장점은 시로써 무엇인가를 말하려고 하지 않았다는 점입니다."라는 총평을 했다는 것이다. 이 말을 새겨 보면 순수 서정시도 때론 '무목적시'가 될 수 있음을 피력한 주요 코멘트가 아니었나 싶다.

7.
해설의 끝

나의 첫 시집은 38편의 '무목적시'와 6편의 서정시, 도합 44편이었다. 세로판짜기 체제에서는 44편 정도가 기본이었던 것 같다. 해설 순서는 38편이 먼저이고 6편이 다음 순이다. 나의 '목적시' 초기에 약간의 연대감을 가진 시인은 이승훈이었다. 그러나 나는 그 무렵 이승훈의 산문을 좋아했다. 이승훈 시인은 처가가 진주에 있었으므로 1968년 이후 진주에 오면 어울렸고 우정은 그가 세상을 뜰 때까지였다. 내가 대학에 적을 두면서 내 갈 길이 바빠 그와 문학세계에 관한 구체적인 대화는 신기하게도 없었다. 그의 처가 사랑이 각별

했으므로 우정은 문학에 선행하는 것이었다.

 내가 첫 시집을 낸 이후 시적 전신의 물목을 지나가게 되면서 내 첫 시집은 왕따 당한 소년처럼 섬이 되어 있었다. 강희근은 국립대 교수(학장)이고 지방문학의 대부이고 지방신문 논설위원으로서 거기 역할이 주어졌지만, 초기 신발에 묻은 흙을 털어주고 그 신발의 문수를 재고 그 신발을 제 신발장에 앉히는 데까지는 미치지 못한 것이었다. 이제 나의 주변이 그 일을 알아차리고 〈첫 시집 재발간〉이라는 범선에 돛을 달고 있다.
그 앞장에 이어산 시인(시와편견 발행인, 한국디카시학 발행인, 도서출판 실천 대표)이 섰다. 그 뜻을 낸 것만으로도 나는 꽃밭에 앉아 꽈리를 부는 소녀가 된다. 소녀여, 시 네게 있거라!